*Now you ... tenor saxo... ...
specially recorded arrangements*

9.99

TAKE THE LEAD

tenor saxophone

IMP
International MUSIC Publications

International Music Publications Limited
Griffin House 161 Hammersmith Road London W6 8BS England

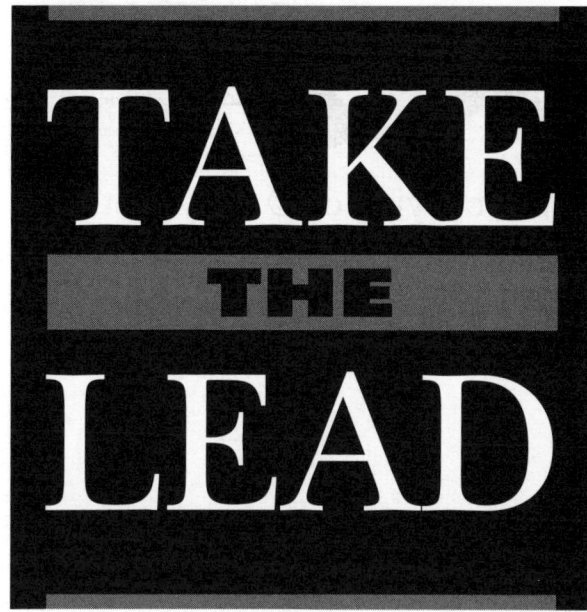

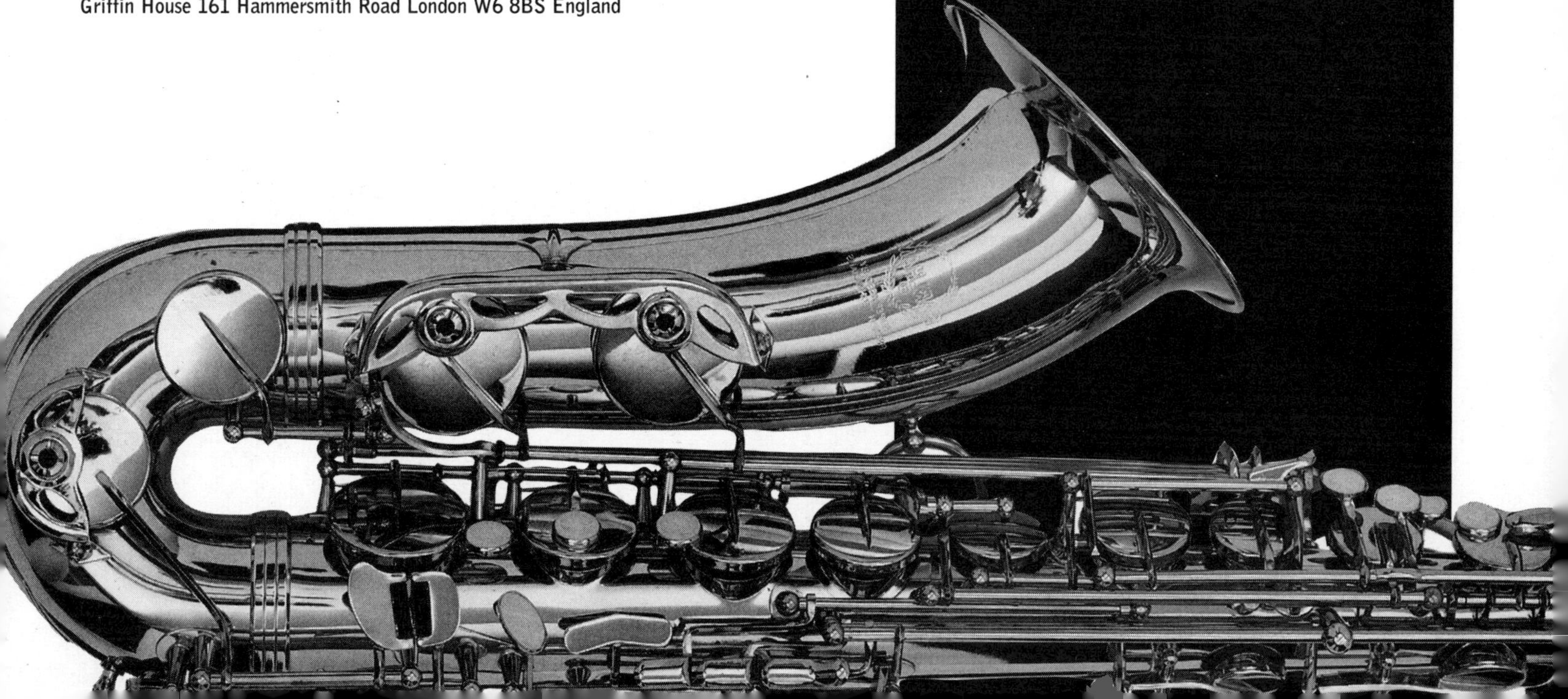

Series Editor: Sadie Cook

Editorial, production and recording: Artemis Music Limited
Design and production: Space DPS Limited

Published 1999

© International Music Publications Limited
Griffin House 161 Hammersmith Road London W6 8BS England

Reproducing this music in any form is illegal and forbidden by the Copyright, Designs and Patents Act 1988

International Music Publications Limited

England: Griffin House
161 Hammersmith Road
London W6 8BS

Germany: Marstallstr. 8
D-80539 München

Denmark: Danmusik
Vognmagergade 7
DK1120 Copenhagen K

Italy: Via Campania 12
20098 San Giuliano Milanese
Milano

Spain: Magallanes 25
28015 Madrid

France: 20 Rue de la Ville-l'Eveque
75008 Paris

tenor saxophone

TAKE THE LEAD

In the Book...

Birdland **7**

Desafinado **10**

Don't Get Around Much Anymore **12**

Fascinating Rhythm **14**

Misty **16**

My Funny Valentine **18**

One O'Clock Jump **20**

Summertime **22**

 On the CD...

Track **1**   Tuning Tones (A Concert)

Birdland
Track **2**   Full version
Track **3**   Backing track

Desafinado
Track **4**   Full version
Track **5**   Backing track

Don't Get Around Much Anymore
Track **6**   Full version
Track **7**   Backing track

Fascinating Rhythm
Track **8**   Full version
Track **9**   Backing track

Misty
Track **10**   Full version
Track **11**   Backing track

My Funny Valentine
Track **12**   Full version
Track **13**   Backing track

One O'Clock Jump
Track **14**   Full version
Track **15**   Backing track

Summertime
Track **16**   Full version
Track **17**   Backing track

Birdland

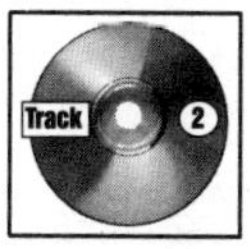

Demonstration

Backing

Music by
Josef Zawinul

Brightly

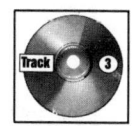

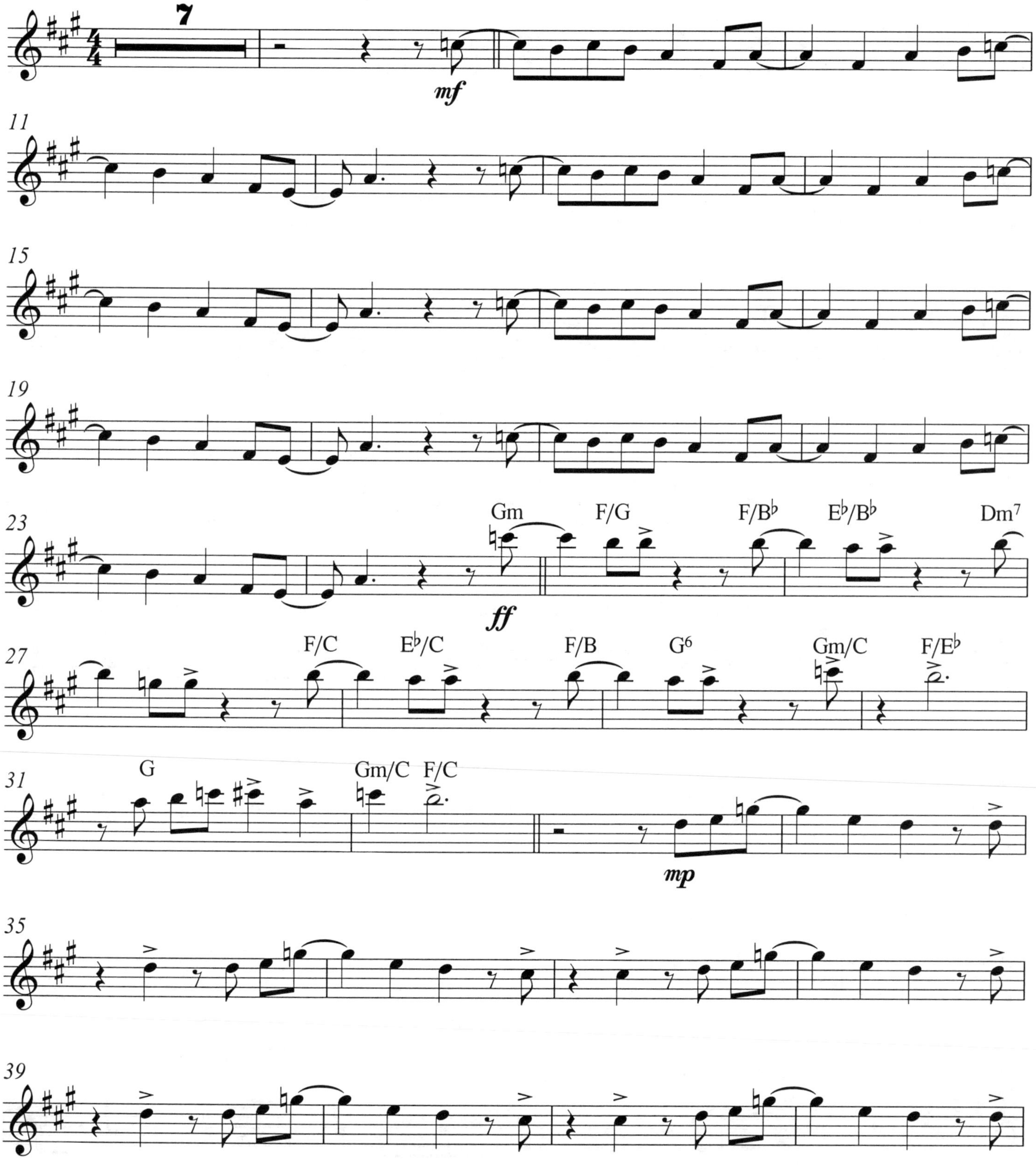

Desafinado

Words by Newton Ferriera de Mendonca
Music by Antonio Carlos Jobim

Moderate Bossa Nova

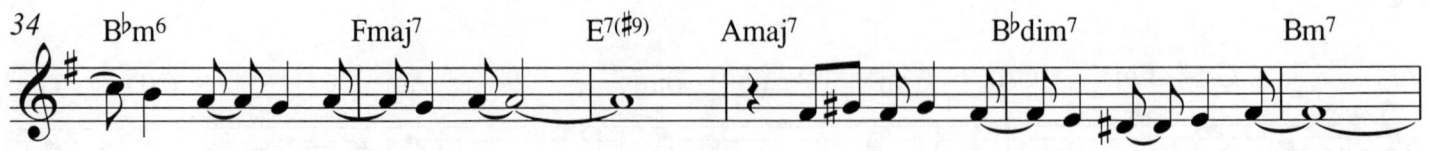

© 1959 & 1999 Bendig Music Corp on behalf of Editora Musical Arapna, Brazil
TRO Essex Music Ltd, London SW10 0SZ

Don't Get Around Much Anymore

Fascinating Rhythm

Music and Lyrics by
George Gershwin and Ira Gershwin

© 1924 (renewed) & 1999 WB Music Corp, USA
Warner/Chappell Music Ltd, London W6 8BS

Misty

Music by Erroll Garner

Demonstration

Backing

My Funny Valentine

Music by Richard Rodgers

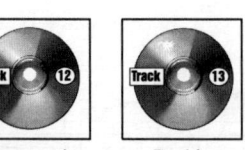

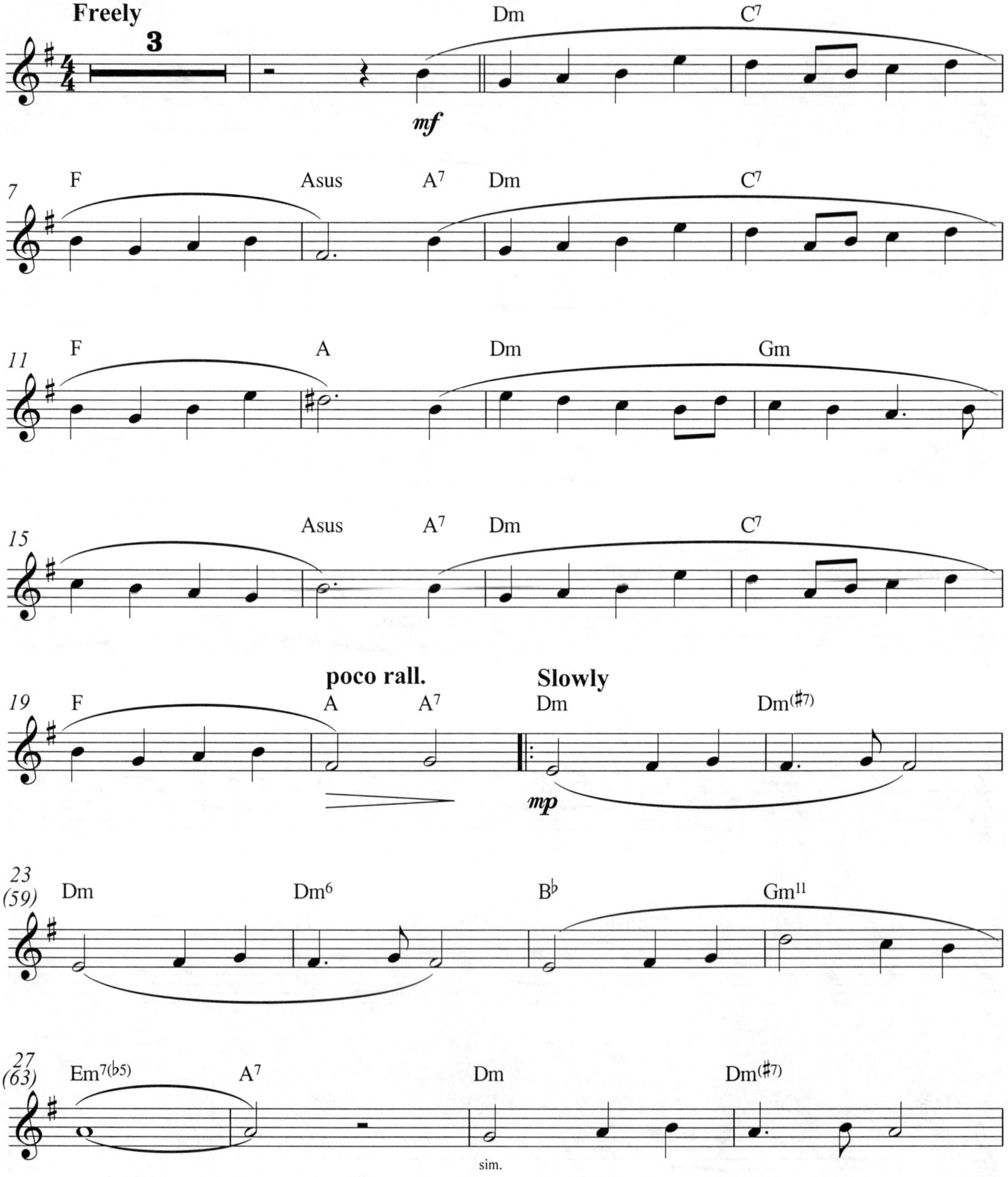

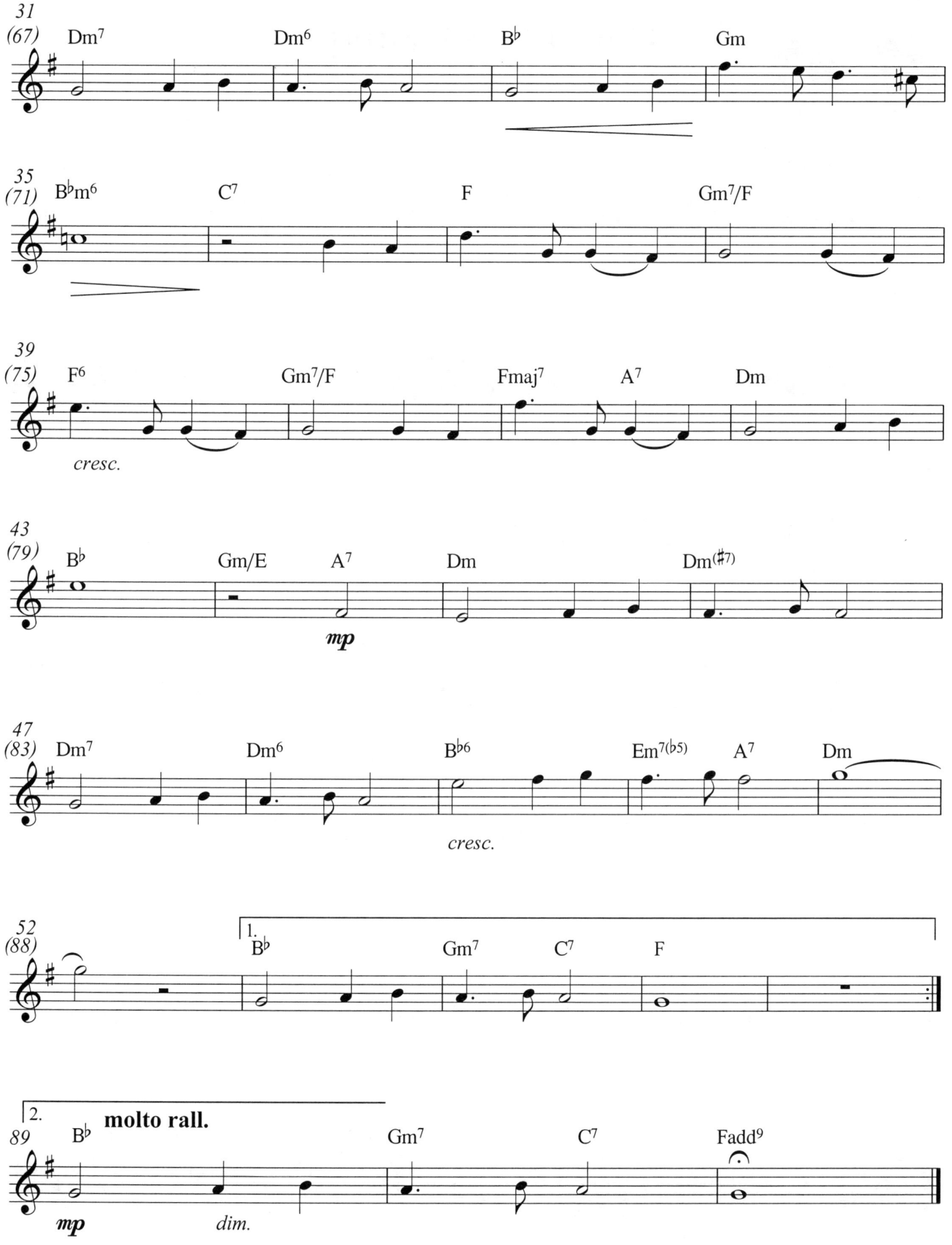

One O'Clock Jump

Music by Count Basie

© 1938 & 1999 EMI Catalogue Partnership and EMI Feist Catalog Inc, USA
Worldwide print rights controlled by Warner Bros Publications Inc/IMP Ltd

Summertime

Demonstration Backing

Music and Lyrics by George Gershwin,
Du Bose and Dorothy Heyward and Ira Gershwin

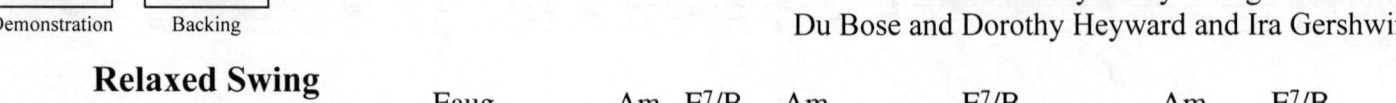
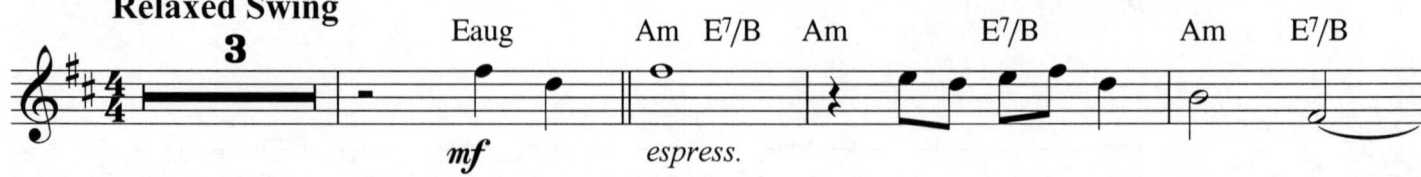

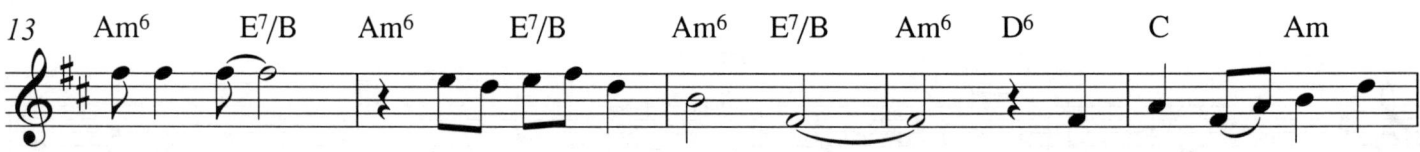
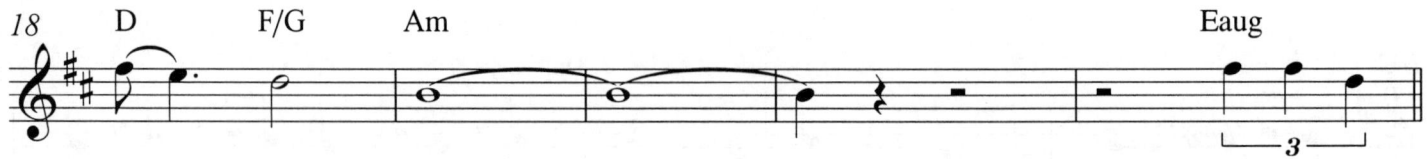

© 1935 (renewed 1962) & 1999 George Gershwin Music, Ira Gershwin Music and Du Bose
and Dorothy Heyward Memorial Fund
All rights administered by WB Music Corp, USA
Warner/Chappell Music Ltd, London W6 8BS

You can be the featured soloist with
TAKE THE LEAD

Collect these titles, each with demonstration and full backing tracks on CD.

90s Hits	Movie Hits	TV Themes	Christmas Songs	The Blues Brothers
The Air That I Breathe (Simply Red)	**Because You Loved Me** (Up Close And Personal)	**Coronation Street**	**The Christmas Song (Chestnuts Roasting On An Open Fire)**	**She Caught The Katy And Left Me A Mule To Ride**
Angels (Robbie Williams)	**Blue Monday** (The Wedding Singer)	**I'll Be There For You** (theme from *Friends*)	**Frosty The Snowman**	**Gimme Some Lovin'**
How Do I Live (LeAnn Rimes)	**(Everything I Do) I Do It For You** (Robin Hood: Prince Of Thieves)	**Match Of The Day**	**Have Yourself A Merry Little Christmas**	**Shake A Tail Feather**
I Don't Want To Miss A Thing (Aerosmith)	**I Don't Want To Miss A Thing** (Armageddon)	**(Meet) The Flintstones**	**Little Donkey**	**Everybody Needs Somebody To Love**
I'll Be There For You (The Rembrandts)	**I Will Always Love You** (The Bodyguard)	**Men Behaving Badly**	**Rudolph The Red-Nosed Reindeer**	**The Old Landmark**
My Heart Will Go On (Celine Dion)	**Star Wars (Main Title)** (Star Wars)	**Peak Practice**	**Santa Claus Is Comin' To Town**	**Think**
Something About The Way You Look Tonight (Elton John)	**The Wind Beneath My Wings** (Beaches)	**The Simpsons**	**Sleigh Ride**	**Minnie The Moocher**
Frozen (Madonna)	**You Can Leave Your Hat On** (The Full Monty)	**The X-Files**	**Winter Wonderland**	**Sweet Home Chicago**
Order ref: 6725A – Flute	Order ref: 6908A – Flute	Order ref: 7003A – Flute	Order ref: 7022A – Flute	Order ref: 7079A - Flute
Order ref: 6726A – Clarinet	Order ref: 6909A – Clarinet	Order ref: 7004A – Clarinet	Order ref: 7023A – Clarinet	Order ref: 7080A - Clarinet
Order ref: 6727A – Alto Saxophone	Order ref: 6910A – Alto Saxophone	Order ref: 7005A – Alto Saxophone	Order ref: 7024A – Alto Saxophone	Order ref: 7081A - Alto Saxophone
Order ref: 6728A – Violin	Order ref: 6911A – Tenor Saxophone	Order ref: 7006A – Violin	Order ref: 7025A – Violin	Order ref: 7082A - Tenor Saxophone
	Order ref: 6912A – Violin		Order ref: 7026A – Piano	Order ref: 7083A - Trumpet
			Order ref: 7027A – Drums	Order ref: 7084A - Violin